Iniciação ao Saxofone

| Sobre bases de Blues e Rock |

JORGE POLANUER

Nº Cat. 382-M

Irmãos Vitale S/A Indústria e Comércio
Rua França Pinto, 42 - Vila Mariana - São Paulo
CEP. 04016-000 - Fone: 11 5081-9499 - Fax: 11 5574-7388

© Copyright 2006 by Irmãos Vitale S.A. Indústria e Comércio.
Todos os direitos autorais reservados para todos os países. *All rights reserved.*

CIP-BRASIL. CATALOGAÇÃO NA FONTE
SINDICATO NACIONAL DOS EDITORES DE LIVROS - RJ.

```
P816i
Polanuer, Jorge, 1960-
Iniciação ao saxofone : sobre bases de blues e rock
/ Jorge Polanuer. - São Paulo : Irmãos Vitale, 2006
il., música ;

ISBN 85-7407-215-X
ISBN 978-85-7407-215-9

    1. Saxofone - Instrução e estudo.
    2. Música para saxofone.
    3. Música para instrumento de sopro.
          I. Título.

06-2982.                                  CDD 788.66
                                          CDU 788.43
```

16.08.06   22.08.06   015813

| CRÉDITOS |

Diagramação e Capa - DÉBORA FREITAS

Foto da Contracapa - ALEJANDRO ZANGA

Tradução - MIRELLA VENEZIANI CESARO

Revisão Musical e Coordenação Editorial - CLAUDIO HODNIK

Produção Executiva - FERNANDO VITALE

| ÁUDIO |

Saxofone Tenor - JORGE POLANUER

Progr. de Bateria, Teclados, Direção Artística e Gravação - LAUTARO COTTET

Guitarras - MARTÍN GARCÍA REYNOSO

Teclados - MARCELO MACRI

Estúdio - LUNA DE LA PATERNAL

Todos os exercícios contidos neste Método foram compostos por Jorge Polanuer
Email: jorge@cuatrovientos.com.ar - Site: www.autores.org.ar/jpolanuer

| ÍNDICE |

	Página	CD / Áudio	CD / Playback
Afinação		25	
Introdução	05		
Exercício 1 - Blues	09	01	26
Exercício 2 - Jazz Balada	10	02	27
Exercício 3 - Shuffle	11	03	28
Exercício 4 - Rock	12	04	29
Exercício 5 - Rock Balada	13	05	30
Exercício 6 - Blues	14	06	31
Exercício 7 - Rock	15	07	32
Exercício 8 - Rock	16	08	33
Exercício 9 - Rock	17	09	34
Exercício 10 - Blues	18	10	35
Exercício 11 - Rock	19	11	36
Exercício 12 - Rock	20	12	37
Exercício 13 - Shuffle	21	13	38
Exercício 14 - Jazz Balada	22	14	39
Exercício 11 - Shuffle	23	15	40
Exercício 16 - Rock Balada	24	16	41
Exercício 17 - Rock	25	17	42
Exercício 18 - Rock	26	18	43
Exercício 19 - Rock	27	19	44
Exercício 20 - Rock Balada	28	20	45
Exercício 21 - Rock	29	21	46
Exercício 22 - Blues	30	22	47
Exercício 23 - Rock	31	23	48
Exercício 24 - Rock	32	24	49

IMPRESSO EM MAIO/2010

| INTRODUÇÃO |

O saxofone foi inventado em 1840 pelo belga Adolf Sax, um homem dotado de extrema habilidade. Hoje são fabricados em seis diferentes tamanhos temos então a família dos saxofones:
- Saxofone Pícolo em Mib
- Saxofone Soprano em Sib
- Saxofone Alto em Mib
- Saxofone Tenor em sib
- Saxofone Barítono em Mib
- Saxofone Baixo em Sib

Antes de iniciar os temas, farei uma breve apresentação das bases técnicas do saxofone com alguns dados sobre escrita musical, sobretudo para pessoas que não têm um professor.

| A BOQUILHA, A PALHETA E O TUDEL |

A palheta (1) deve ser bem umedecida bilateralmente e anexada à boquilha (2) com a braçadeira (3), para que a parte plana e a ponta da palheta se ajuste à boquilha. A boquilha, então, está pronta para ser colocada no tudel (4).

A princípio, até que os músculos das extremidades dos lábios estejam bem treinados, recomendo o uso de palhetas mais flexíveis; Vandoren V16 2 e ½ para sax alto e sax tenor.

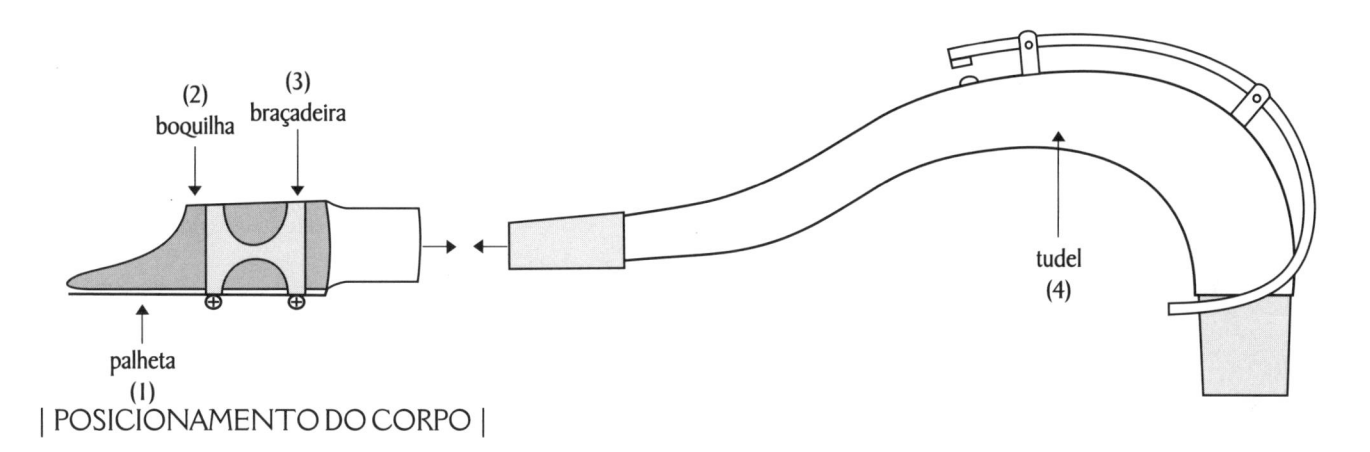

| POSICIONAMENTO DO CORPO |

Deve-se permanecer parado e com postura ereta, como se suspenso pelos cabelos. Não abaixe a cabeça para alcançar o saxofone, pois acomodação se dá por meio da correia e do tudel. Se possível, verifique sua postura frente a um espelho.

O saxofone deve ser apoiado nos dentes superiores e não no lábio inferior; para tanto, a correia deve estar bem regulada, pois suporta o peso do saxofone. Por esse motivo, não é necessário sustentar o saxofone com os dedos; pode-se apoiar o polegar direito para afastar o instrumento do corpo, fixando a boquilha nos dentes superiores.

| EMBOCADURA |

A posição correta da boca é: lábio inferior dobrado para dentro, dentes superiores apoiados na boquilha (1,5 cm da extremidade) e cantos labiais voltados para o centro, para que a embocadura seja a mais arredondada possível, como se estivesse assobiando.

A boca e a garganta devem estar bem abertas, como ao bocejar. Nunca faça pressão com a mandíbula.

| SINTONIA |

É de suma importância considerar a sintonia para o controle do som.

O corpo todo deve ser sonorizado junto ao instrumento, ou seja, deve-se sintonizar o corpo ao tocar cada som, como se estivesse cantando. Cada som corresponde a uma abertura de garganta e a uma velocidade de ar específicas. Para encontrá-las, deve-se tocar diversas notas longas, em todos os registros, dando tempo ao corpo para que ele sintonize cada som.

Deve-se obter brilho e sonoridade com o mínimo de esforço; às vezes, empurrando o ar ou apertando os lábios, o brilho do som desaparece e a tendência é soprar com mais força.

| DEDOS |

Muitos acreditam que a velocidade dos dedos depende exclusivamente do número de horas de treinamento de escalas, mas na verdade, o fator fundamental é o relaxamento dos mesmos e de todo o trajeto até o cérebro. Assim, a mudança de dedos ocorre mais rapidamente e sem interferências. Para descer uma chave, é necessário utilizar apenas o mínimo de energia no movimento; vale o mesmo para soltá-la.

| ARTICULAÇÃO |

É um tema de grande importância, em se tratando de instrumentos de sopro, pois equivale, na língua falada, à inter-relação entre vogais e consoantes, ou seja, à dicção. Para que o instrumento "cante" ou "diga" fielmente as idéias musicais que desejamos expressar, é imprescindível combinar os sons dotados ou não de vibração conforme a vontade, não os deixando à mercê da língua.

A ligadura é uma linha curva que une duas ou mais notas (vide compasso 1 do exercício 2), indicando que essas notas devem ser executadas sem interrupção da coluna de ar. Notas sem ligadura devem ser separadas pela língua (golpe de língua), com a pronúncia da sílaba TU.

| PENTAGRAMA |

Conjunto de cinco linhas e quatro espaços onde se escreve as notas musicais.

| FIGURAS MUSICAIS |

Conjunto de símbolos que representam tanto os sons como os silêncios, dando informações de altura e duração:

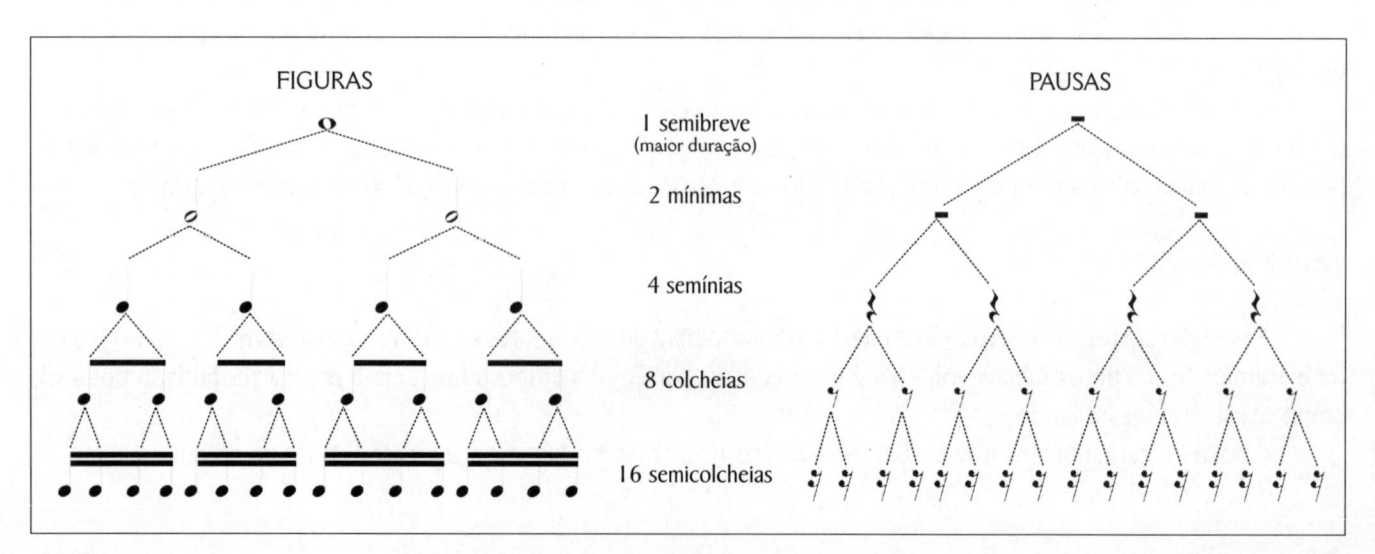

FIGURAS / PAUSAS

- 1 semibreve (maior duração)
- 2 mínimas
- 4 semínias
- 8 colcheias
- 16 semicolcheias

| COMPASSOS |

Define-se por compasso a acentuação métrica no tempo, que pode ser de dois em dois tempos, de três em três, de quatro em quatro, etc. Sua notação consiste em dois números colocados do lado da clave inicial, onde o numero superior indica a quantidade de pulsos por compasso; o número inferior indica o valor da unidade de tempo.

| PONTO DE AUMENTO |

Quando uma nota ou uma pausa é seguida por um ponto de aumento, este lhe adiciona a metade de seu valor.

| CLAVE |

Símbolo que determina a localização das notas no pentagrama, existem vários tipos de clave, porém na escrita musical para saxofone utiliza-se a Clave de Sol.

| ACIDENTES |

São símbolos utilizados para alterar a altura de determinados sons:

♯ = Sustenido - eleva a nota em um semitom

♭ = Bemol - desce a nota em um semitom

✕ = Dobrado Sustenido - eleva a nota em um tom

♭♭ = Dobrado Bemol - desce a nota em um tom

♮ = Bequadro - cancela o efeito de todos os acidentes, ou seja a nota volta a sua altura natural.

| ARMADURA DE CLAVE |

Quando há a seguinte figura ao início de uma partitura:

Significa que as notas fá, dó e sol serão sustenidas. Caso, ao longo da partitura, uma dessas notas for precedida por um bequadro, o sustenido deve ser anulado somente no compasso onde ela se encontra.

| QUADRO DAS TONALIDADES |

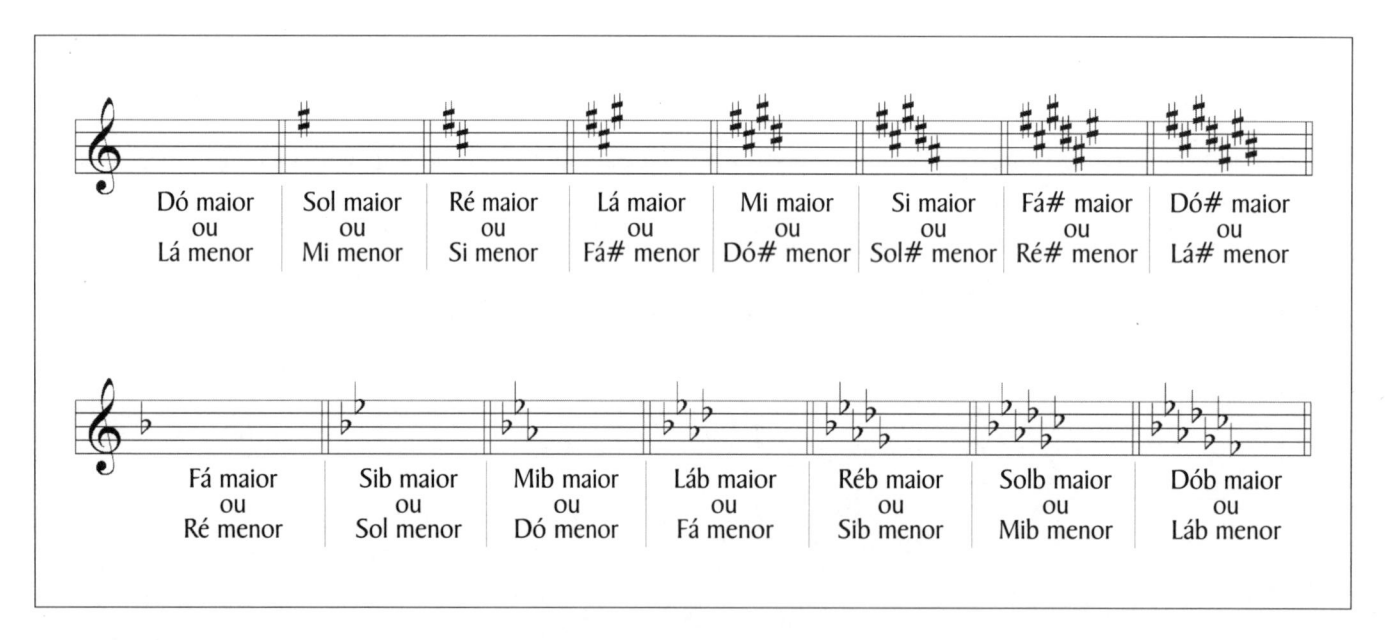

Dó maior ou Lá menor	Sol maior ou Mi menor	Ré maior ou Si menor	Lá maior ou Fá# menor	Mi maior ou Dó# menor	Si maior ou Sol# menor	Fá# maior ou Ré# menor	Dó# maior ou Lá# menor

Fá maior ou Ré menor	Sib maior ou Sol menor	Mib maior ou Dó menor	Láb maior ou Fá menor	Réb maior ou Sib menor	Solb maior ou Mib menor	Dób maior ou Láb menor

| TRANSPOSIÇÃO |

O saxofone é um instrumento transpositor, ou seja, quando se toca dó em um saxofone tenor ou em um soprano afinados em Sib, o som realmente emitido é um Si bemol.
Por exemplo, ao tocar no piano a nota Lá, o equivalente no saxofone Tenor é um tom acima, ou seja, deve-se tocar a nota Si.
O Saxofone Alto e o Barítono são afinados em Mi bemol. O Lá equivale ao Fá sustenido, ou seja, uma sexta maior acima.

| SWING OU STRAIGHT |

Quando um tema está escrito em swing significa que cada semínima está dividida internamente em três partes iguais (tercina).
Duas colcheias devem ser executadas da seguinte maneira: atribui a primeira colcheia 2/3 do valor da tercina e a segunda apenas 1/3.

EXERCÍCIO 1
| Blues |

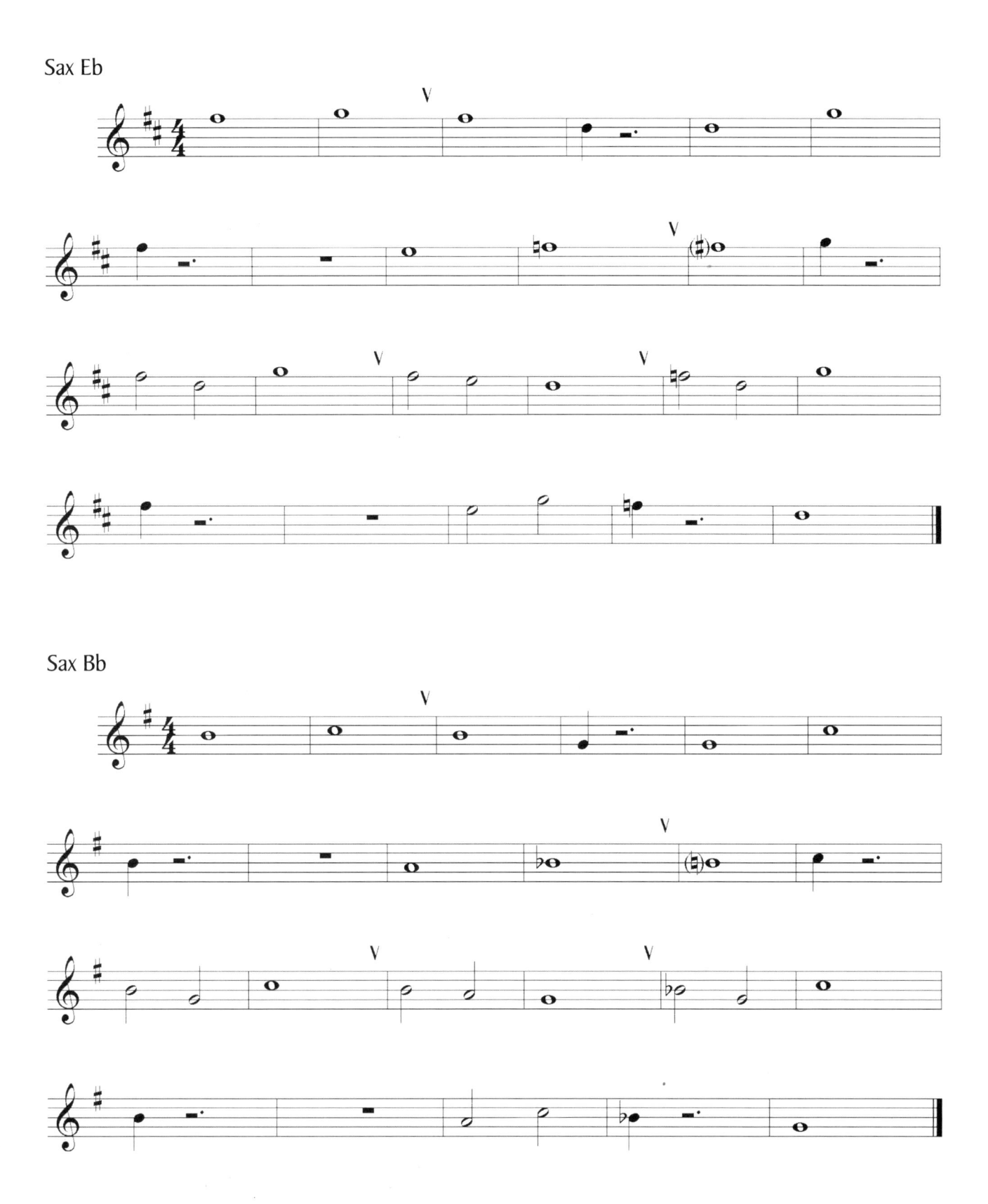

Sax Eb

Sax Bb

EXERCÍCIO 2
| Jazz Balada |

Sax Eb

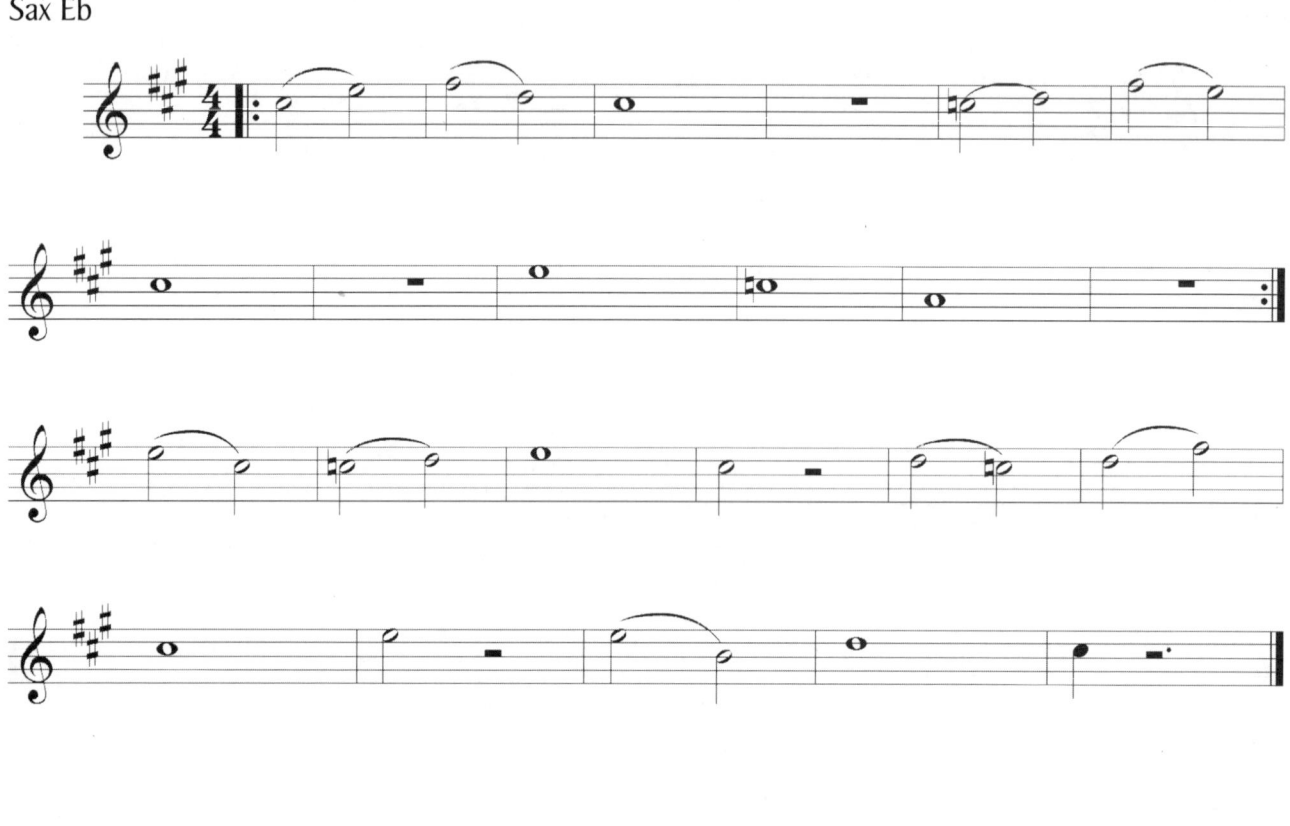

Sax Bb

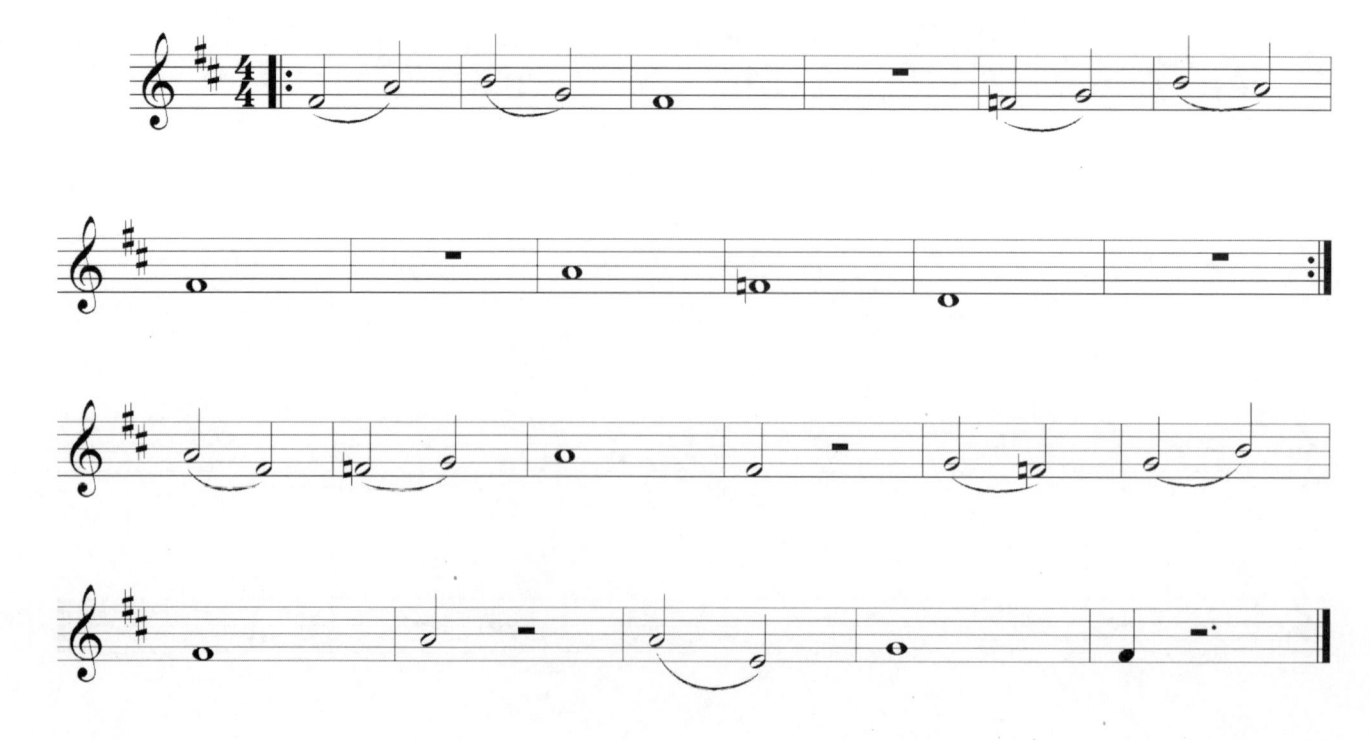

EXERCÍCIO 3
| Shuffle |

Sax Eb

Sax Bb

EXERCÍCIO 4
| Rock |

Sax Eb

Sax Bb

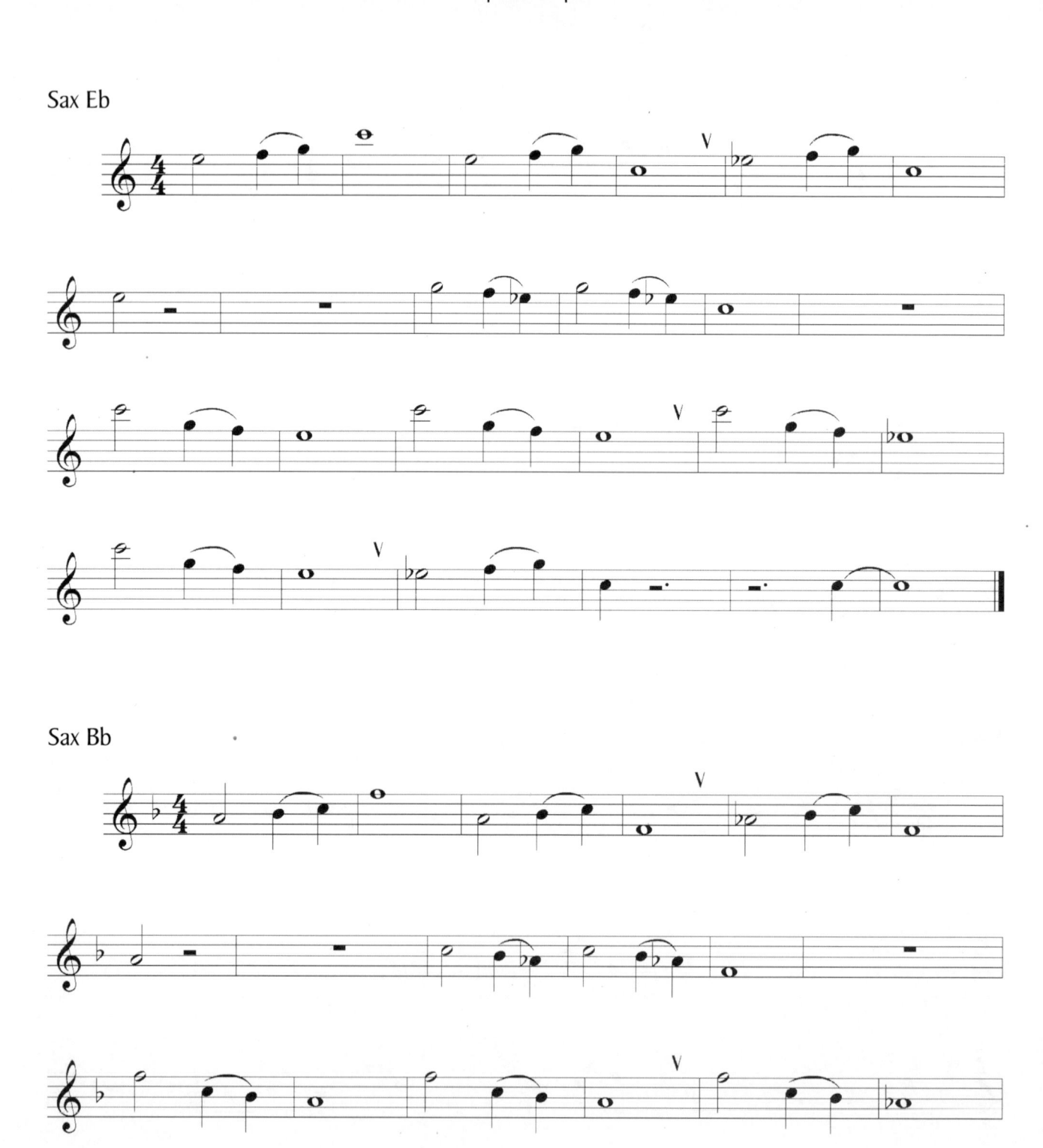

EXERCÍCIO 5
| Rock Balada |

Sax Eb

Sax Bb

EXERCÍCIO 6
| Blues |

Sax Eb

Sax Bb

EXERCÍCIO 7
| Rock |

Sax Eb

Fine

D.C. Al Fine

Sax Bb

Fine

D.C. Al Fine

EXERCÍCIO 8
| Rock |

Sax Eb

Sax Bb

INICIAÇÃO AO SAXOFONE
Sobre bases de Blues e Rock

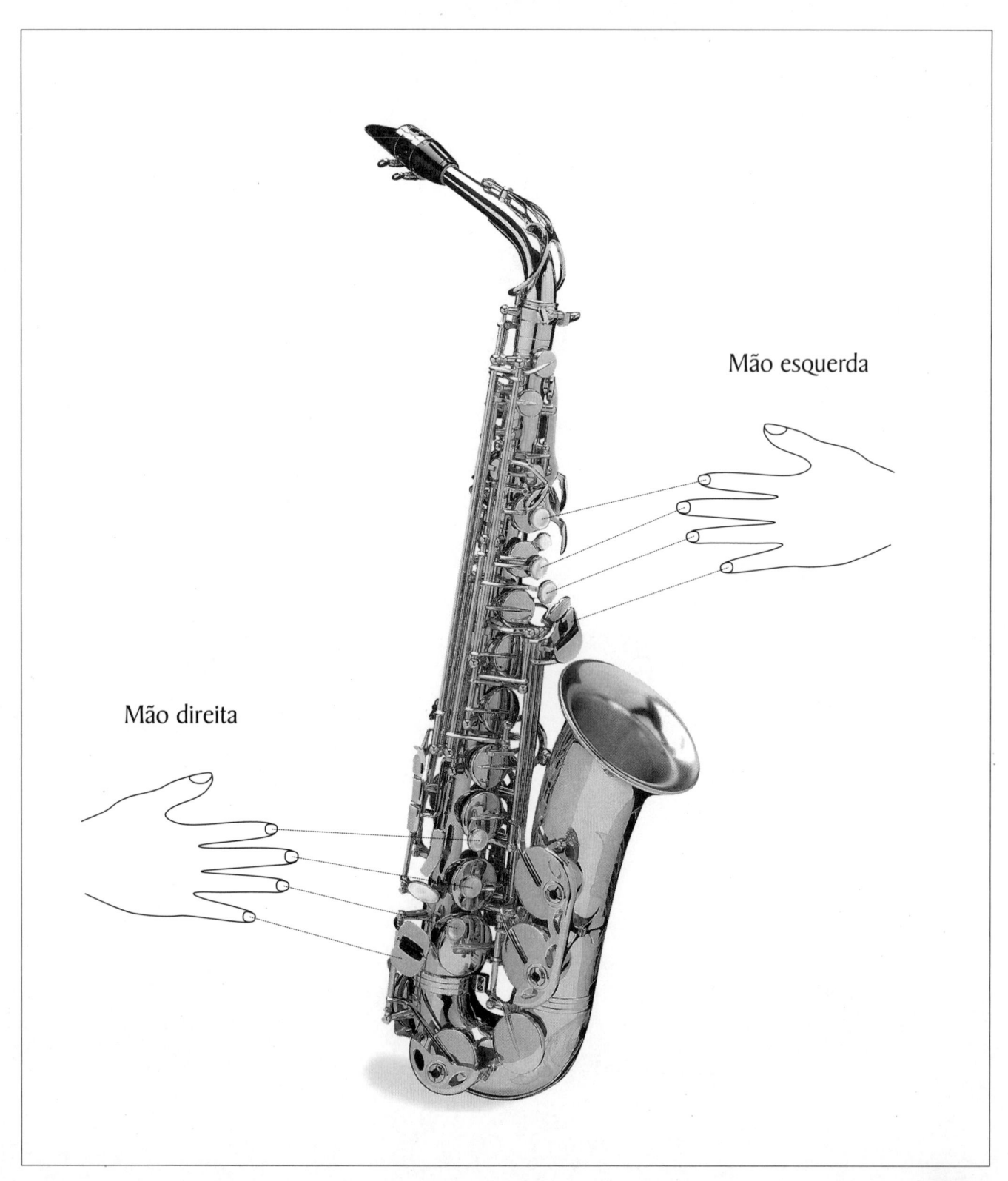

Mão esquerda

Mão direita

Este encarte é parte integrante do método.
Proibida a comercialização em separado.

Irmãos Vitale
Editores - Brasil

DIGITAÇÃO BÁSICA DO SAXOFONE

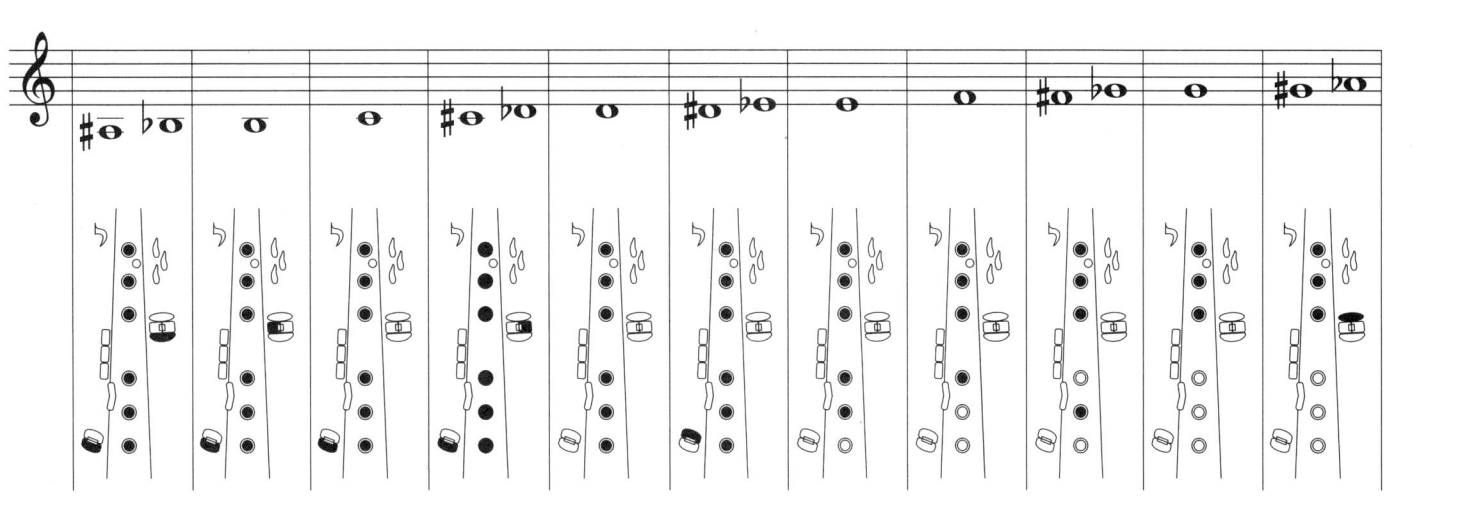

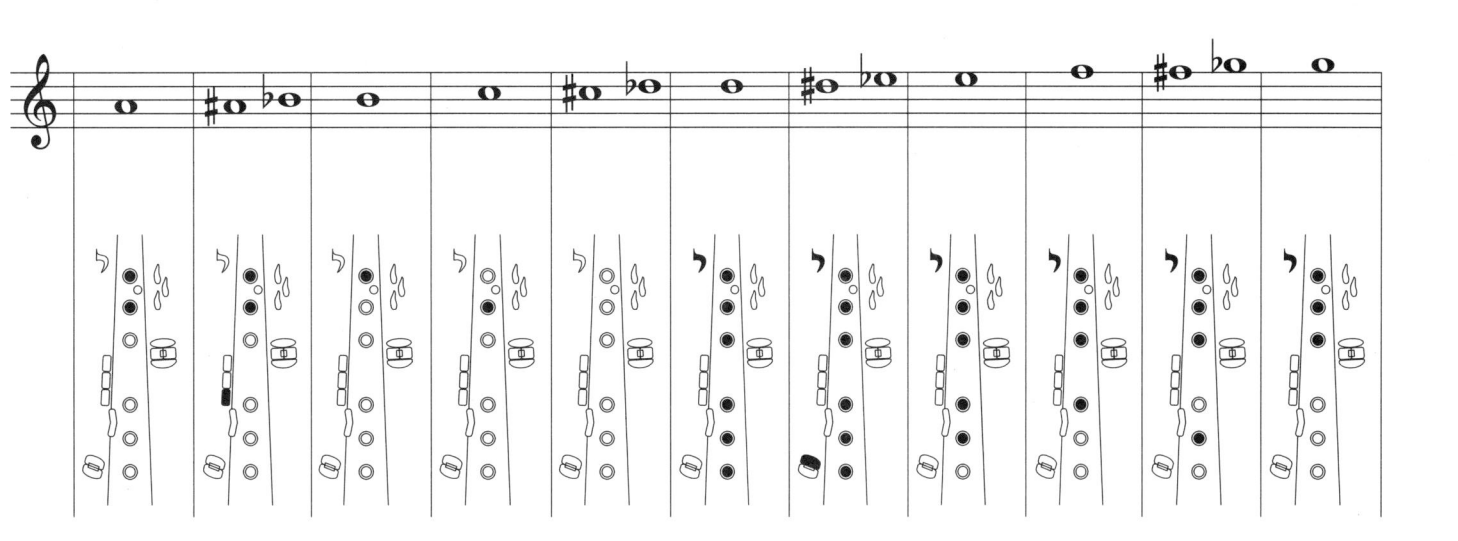

EXERCÍCIO 9
| Rock |

Sax Eb

Sax Bb

EXERCÍCIO 10
| Blues |

Sax Eb

Sax Bb

EXERCÍCIO 11
| Rock |

Sax Eb

Sax Bb

EXERCÍCIO 12
| Rock |

Sax Eb

Sax Bb

| 20 |

EXERCÍCIO 13
| Shuffle |

Sax Eb *Swing *

Sax Bb

EXERCÍCIO 14
| Jazz Balada |

Swing

Sax Eb

Sax Bb

EXERCÍCIO 15
| Shuffle |

EXERCÍCIO 16
| Rock Balada |

Sax Eb — *Swing*

Sax Bb

EXERCÍCIO 17
| Rock |

Sax Eb

EXERCÍCIO 18
| Rock |

Sax Eb *Swing*

Sax Bb

EXERCÍCIO 19
| Rock |

Sax Eb *Swing*

Sax Bb

EXERCÍCIO 20
| Rock Balada |

Sax Eb *Swing*

Sax Bb

EXERCÍCIO 21
| Rock |

Swing

Sax Eb

Sax Bb

EXERCÍCIO 22
| Blues |

Swing

Sax Eb

Sax Bb

EXERCÍCIO 23
| Rock |

Swing

Sax Eb

Sax Sb

EXERCÍCIO 24
| Rock |

Straight

Sax Eb

Sax Bb